LE PAPE

LE ROI ET LA LIBERTÉ

Le Drapeau de la France

Le Serment, la Délivrance du Territoire

PAR LE PRINCE DE ROSSY

> L'orléanisme et le bonapartisme,
> c'est la Révolution.

PARIS

IMPRIMERIE BALITOUT, QUESTROY ET Ce,

7, RUE BAILLIF, ET RUE DE VALOIS, 18.

1872

LE PAPE

LE ROI & LA LIBERTÉ

LE PAPE

LE ROI ET LA LIBERTÉ

Le Drapeau de la France

Le Serment, la Délivrance du Territoire

PAR LE PRINCE DE ROSSY

L'orléanisme et le bonapartisme,
c'est la Révolution.

PARIS

IMPRIMERIE BALITOUT, QUESTROY ET Cᵉ,

7, RUE BAILLIF, ET RUE DE VALOIS, 18.

1872

LE PAPE

LE ROI ET LA LIBERTÉ

A MONSEIGNEUR L'ÉVÊQUE DE LUÇON.

Monseigneur,

Bien que je n'occupe plus le poste (1) qui me permit, à votre dernier passage parmi nous, de vous complimenter officiellement au nom des religieux habitants de cette paroisse, je suis cependant certain d'être toujours le véritable interprète de leurs sentiments, lorsque je viens de nouveau, comme simple fidèle de ce diocèse, présenter à Votre Grandeur des hommages de vénération et d'amour. Qui, en effet, Monseigneur, dans ces temps d'apostasie presque générale, n'a pas, en secret ou en public, admiré votre zèle ardent pour la justice et la vérité, ainsi que votre généreux courage, dans toutes les tribulations que ce zèle vient tout récemment encore de vous attirer? Car qui, mieux que Votre Grandeur, mit en pratique cette parole de saint Paul : « *Nolite conformari huic sœculo ?* »

Ah! sans doute, Monseigneur, tant qu'il y aura des chrétiens à

---

(1) Nommé maire par le Conseil municipal de ma commune, au mois d'août 1848, d'après les lois de la République, je donnai ma démission à l'époque du coup d'État, en décembre 1851, sachant bien que désormais le rôle de maire ne pouvait plus être que celui d'un valet.

diriger, à soutenir et consoler, de pervers sophistes à confondre, de pieuses institutions à fonder ; un digne successeur des apôtres, afin d'opérer le salut des âmes, se conformera, comme le plus humble de son troupeau, à toute prudence humaine qui ne blessera pas sa conscience : mais quand, pour obtenir un moment les applaudissements intéressés de l'impiété triomphante ou quelques jours seulement de la paix décevante qu'elle daignera accorder ; quand pour être jugé digne de marcher avec cette époque dégénérée, qui se croit grande parce que son immense orgueil a foulé aux pieds tout frein, tout droit, toute autorité ; quand pour mériter cette vaine popularité, qui ne séduit que les âmes vulgaires, il faudra faire céder les prescriptions les plus anciennes de l'Eglise, fausser les balances du sanctuaire et oublier que les évêques, loin d'avoir jamais été de serviles instruments, furent les premiers pères et instituteurs de cette grande nation ; quel homme encore attaché à sa foi ne s'écriera du fond de son cœur : Honneur au noble et saint prélat qui, par ses exemples plus encore que par ses leçons, rappelle à la France entière cette maxime adressée, il y a dix-huit siècles, aux chrétiens de tous les temps : « *Nolite conformari huic sœculo.* »

Samedi 5 février 1853.

Tels sont toujours mes sentiments.

L'évêque, à qui j'adressais cette allocution en 1853, tombé plus tard dans la disgrâce du Pouvoir, vit en exil depuis 1856, et y terminera vraisemblablement ses jours. Les sentiments que je lui exprimais, il y a quinze ans, n'ont pas varié ; la guerre que le ministre de l'instruction publique fait actuellement à l'Episcopat ne pouvant, au contraire, qu'indigner le chrétien le plus pacifique et le moins clairvoyant. Aucune illusion n'est possible aujourd'hui ; c'est à la religion qu'on en veut, quand on attaque l'enseignement des évêques, puisque c'est à eux que Jésus-Christ a dit : *Docete omnes gentes* et non aux matérialistes plus ou moins officieux qui le renient publiquement.

La Rochette-l'Etang, 1868.

INTRODUCTION

Pour devenir roi, Philippe-Egalité vota la mort de Louis XVI.

Pour devenir empereur et donner des gages aux Jacobins, ses anciens confrères, le premier consul tua le duc d'Enghien.

Le sang de Louis XVI marque au front les d'Orléans.

Le sang des Condé souille à jamais les Bonaparte.

Et ces races de fourbes, d'assassins et de spoliateurs, qui ont versé traîtreusement le sang des justes et des héros, ces races odieuses qui ont violé tous leurs serments, osent demander de leur prêter foi et hommage !

Non.

Mais la nation, dira-t-on, a ratifié, par une grande majorité, la félonie des Bonaparte. Qu'importe? Ils tenaient l'urne entre les mains de leurs valets. Je récuse donc leur majorité.

Veut-on que cette majorité soit aussi réelle que légale? Tant pis alors pour cette nation dégradée.

Les Juifs aussi répandirent, en majorité, le sang du Sauveur du monde; et après dix-neuf siècles bientôt, la plus grande injure qu'on puisse faire au dernier des hommes, c'est de l'appeler un juif.

LE DRAPEAU

I

Enfin le roi a parlé. « Je n'arbore pas, dit-il, un nouveau drapeau, je maintiens celui de la France, et j'ai la fierté de croire qu'il rendrait à nos armées leur ancien prestige.

« Si le drapeau blanc a éprouvé des revers, il y a des humiliations qu'il n'a pas connues.

» Rien n'ébranlera mes résolutions, rien ne lassera ma patience, et personne, sous aucun prétexte, n'obtiendra de moi que je consente à devenir le roi légitime de la Révolution.

» Henri. »

25 janvier 1872.

Après une déclaration aussi nette et aussi énergique, il faut espérer qu'il ne sera plus question de fusions impossibles entre les principes contraires des tricolores et des blancs, c'est-à-dire entre le drapeau sans tache de la Monarchie et le drapeau souillé de la Révolution, entre le drapeau qui a fait la France avec tant de gloire et celui qui l'a défaite avec tant de déshonneur.

Dès 1855, à l'époque de la guerre de Crimée, je m'étais prononcé, d'accord avec le Roi, et comme lui je répudiais le drapeau tricolore comme on peut le voir par la pièce suivante que je remis moi-même au Pape le 24 avril 1857. Les désastres de la dernière guerre n'ont que trop prouvé ce que l'on gagne à s'allier à l'Angleterre. Elle nous a témoigné sa reconnaissance, en nous abandonnant lâchement, comme elle nous abandonnera toujours quand nous serons en danger.

Que nous sommes loin du temps des saint Bernard et des saint Louis ! A leur voix, nos ancêtres couraient en Orient combattre le Turc, qui souillait comme aujourd'hui le tombeau de Jésus-Christ ; et de nos jours, nous voyons l'archevêque de la capitale du royaume accourir d'une des extrémités de la France, où il pouvait rester sans se compromettre, pour chanter un *Te Deum* sous les voûtes de sa cathédrale, profanée par le drapeau de Mahomet ! *Ce temple auguste qui tressaille* au bruit de la victoire des Turcs, des Anglais et des renégats de toute l'Europe, tressaillait aussi naguère devant les saturnales de la déesse Raison ; mais ce temps, tout odieux et criminel qu'il était, ne faisait au moins illusion à personne. Tout le monde savait que le crime triomphait, et s'il avait des adhérents, il y avait aussi des âmes généreuses qui protestaient et des martyrs qui, par leur sang, préparaient des temps meilleurs. Aujourd'hui, pour qui sait observer, quoi de plus navrant que de voir que le scandale du drapeau, représentant le sensualisme le plus grossier, suspendu devant l'hôtel du fils de Dieu, ne choque presque plus personne. Loin de là on est heureux d'annoncer qu'Abd-el-Kader est accouru de Brousse, comme l'archevêque de Paris de Valence, pour assister à un *Te Deum*, sans avantage possible pour la France. Leurs noms sont accolés l'un à côté de l'autre dans le *Moniteur*. Ce même journal publiait, il y a quelque temps, avec assentiment, les élucubrations de cet ancien chef d'Arabes, et lui faisait honneur d'avoir avancé qu'il n'y avait entre les chrétiens et les mahométans que des malentendus, et qu'ils ne feraient, quand ils seraient sages, qu'une même famille. Qu'est-ce que cette confusion inouïe des croyances les plus contradictoires, sinon leur destruction même et surtout une opposition évidente aux maximes du christianisme ? Si l'on ne voit pas que tout ce qui se passe, ne tend à rien autre chose qu'à persuader au peuple que les cérémonies de la religion ne sont que des parades de charlatan, il faut être bien obtus ou bien aveugle.

Je sais tout ce que l'on a dit, tout ce que l'on peut ajouter encore pour justifier ou pallier de semblables scandales. On n'y parviendra pas. Les peuples ne subtilisent pas, ils ne comprennent que des idées simples et droites. Des évêques ont, dans des mandements, préconisé les vertus des Turcs et prêché une croisade contre des chrétiens, sous prétexte qu'ils étaient schismatiques, tandis qu'eux-mêmes s'appuyaient sur les pires ennemis de la papauté. Voilà ce que l'histoire dira. Mais, après tout, le sang de Jésus-Christ ne coule-t-il pas sur les autels de l'église grecque comme sur les nôtres? Ne sont-ce pas nos frères, dont nous ne sommes séparés que par une question de juridiction que deux hommes s'entendant en Europe, le Pape et l'Empereur de Russie peuvent faire disparaître en un moment? La croisade révolutionnaire que l'on a prêchée contre un prince chrétien, souverain de 80 millions d'hommes, quand la charité et les convenances les plus vulgaires comman- daient au moins de garder le silence, n'est certes pas propre à ramener l'unité religieuse. Mais, dit-on, l'empereur Nicolas me- naçait l'équilibre de l'Europe. Bel équilibre, vraiment! quand la France est parquée dans un territoire moindre que celui qu'elle avait sous ses anciens rois, quand les Anglais, nos plus grands ennemis, quelles que soient leurs flatteries intéressées, possèdent à nos portes Malte et Gibraltar et sont les vrais maîtres de la Médi- terranée et des mers du monde entier! Quel droit ces oppresseurs de l'Irlande et de 200 millions d'Indiens, qu'ils ont subjugués sans bruit, pendant nos guerres révolutionnaires, ont-ils de parler de l'ambition des Russes? Quel droit, outre celui du brigand sur sa victime, a donc le Turc sur Constantinople? S'il y avait des croyances chrétiennes vives en France, on frémirait d'indigna- tion à la pensée seule qu'on a combattu pour soutenir des Turcs et des Anglais, c'est-à-dire les plus grands spoliateurs du monde, tandis que la vraie politique de la France serait de s'entendre avec la Russie, pour les châtier et leur faire rendre les dépouilles arra- chées à tant de peuples.

Pauvre France! où te conduiront de pareilles aberrations, de si grands suicides? Je l'ignore. Les voies de Dieu sont plus que jamais impénétrables. Il ne permit pas jadis au plus saint des rois de déli- vrer le tombeau où s'accomplit la rédemption des hommes, et des sophistes qui n'encensent que le succès, blâment aujourd'hui les croisades des siècles passés. N'importe, c'est toujours un grand honneur que de pouvoir se dire fils d'un croisé. Que pensera-t-on, dans les âges futurs, de notre croisade actuelle en sens inverse de notre histoire? Nul ne le sait, car les hommes pervertis ne croient plus qu'à une fortune aveugle et ses caprices sont la loi de leurs jugements. — Dans cette immense question d'Orient, qui tient le monde en suspens, Dieu peut donc encore, comme autrefois, permettre le triomphe définitif du mal. Le temps de sa justice n'est point ici-bas. Mais, quoi qu'il arrive, vrai Français et surtout vrai chrétien, jamais de viles passions ou des intérêts personnels ne me feront méprendre sur ceux de la religion et de la France. Je peux mourir sans avoir la joie de voir la messe célébrée à Sainte-Sophie en même temps qu'à Saint-Paul de Londres; mais mon cœur battra, jusqu'à son dernier soupir, à cette grande pensée, et jamais le drapeau à la traîne de celui des Turcs et de la marchande et sceptique Angleterre, toujours systématiquement ennemie, en dépit des apparences, de ma foi et de ma patrie, jamais ce drapeau ne sera pour moi celui de la vraie religion et de la vraie France, jamais ce drapeau, dût-il un jour être victorieux et béni du monde entier, non, jamais ce drapeau ne sera le mien !

Etiam si omnes ego non.

A la Rochelte-l'Etang (Vendée). Mardi 18 septembre 1855.

Je n'ai pas besoin de dire que les plaintes que je formulais contre le clergé n'avaient en rien trait à sa doctrine religieuse, mais seulement à sa conduite politique; ses flatteries à l'adresse de Napoléon, ses froideurs à l'égard de tous ceux qui n'avaient pas confiance en cet étrange *sauveur*, ont fait un mal à la religion qu'il faudra bien du temps pour réparer.

II

« Ce que je crains, disait récemment le Saint-Père, ce ne sont pas tous ces misérables de la Commune de Paris. Ce que je crains, c'est cette malheureuse politique, ce *libéralisme catholique*, qui est le véritable fléau. » (*Univers*, 7 août 1871.)

Comme j'étais avec le Roi en 1855, j'étais aussi avec le Pape en 1854, ainsi que le prouve le commencement de l'écrit suivant. Rien n'est plus conséquent, car ce sont les *catholiques libéraux* qui ont été les plus grands prôneurs des serments politiques prêtés contre la conscience de ceux dont on les exige, absolument comme aujourd'hui, ils sont les auteurs de l'intrigue des drapeaux.

« On croyait que les libéraux légitimistes seraient du moins fidèles au trône ; ils ont été en face du trône ce qu'ils furent l'an dernier, en face du Pape et du Concile... pitoyables. Ils ont essayé d'ensevelir la monarchie dans les trois couleurs révolutionnaires. Mais ils savent aujourd'hui que Henri de Bourbon, qui veut la vraie liberté, n'est point *catholique libéral*.

» Ce prince a reçu de ses pères le drapeau le plus noble et le plus glorieux qui fût jamais ; il n'a que faire de l'autre. Que le libéralisme garde le tricolore pour l'offrir, le cas échéant, à quelque prétendant sans couleur et sans drapeau.

« Ennemis du Pape, ennemis du roi... toujours les mêmes, les libéraux ! » (L'abbé DESBONS, *docteur en théologie.*)

La vraie liberté ne peut exister qu'avec le christianisme. Avant lui, il n'y avait que des maîtres et des esclaves ; hors de lui, on ne trouve que des peuples avilis. La Révolution hypocrite prétend les régénérer par ses fausses doctrines, et on la voit toujours, quand elle a renversé un despote, mettre sa propre tyrannie dans les lois.

LE SERMENT

—

OPUSCULE LU A L'ÉVÊCHÉ DE LUÇON, LE 14 JANVIER 1854.

III

MESSIEURS,

Avant de lire cet écrit, je dois prendre ce que l'on appelle une précaution oratoire. Comme c'est la première fois que j'ai l'honneur de paraître dans cette réunion, j'ignore s'il en est parmi vous qui ait prêté un ou plusieurs serments à des gouvernements de fait. Quoi qu'il en soit, je déclare qu'il n'a pu entrer dans ma pensée d'y faire aucune allusion. Bien plus, comme d'après les statuts de cette association, nul ne peut y être admis, sans être bon catholique et par conséquent sans être un homme consciencieux, je pense qu'aucun de nous ne saurait être classé, sans injustice, dans l'une des catégories dont il va être question. Ce n'est point en Vendée ni dans une province quelconque, que se résoudront les formidables problèmes sociaux, qui agitent en ce moment le monde. Je suis donc très disposé à admettre qu'il peut y avoir, dans les campagnes, des hommes honorables qui, vivant loin du maniement des grandes affaires, et n'étant pas appelés à en partager la responsabilité, croient devoir se soumettre à un serment, regardé par eux comme une simple formalité, afin d'être à même de faire quelque bien dans le petit coin de terre où le ciel les a placés et où leur abstention pourrait faire un grand vide.

Mais s'il est du devoir d'un chrétien de toujours juger la conduite de chacun en particulier, avec bonté et indulgence, je déclare aussi que, quand il s'agit de généralités, l'homme ferme et arrêté dans ses convictions, ne doit jamais hésiter à attaquer avec vigueur ce qui lui semble être le mal. C'est là qu'il faut réellement brûler ses vaisseaux, afin de se couper à soi-même toute retraite, si l'on était tenté plus tard de céder à l'inconstance naturelle au cœur humain et d'être infidèle à son drapeau.

Ainsi, qu'il soit bien entendu, Messieurs, puisque j'ai choisi pour écrire, les deux dernières sections de cette association, et que je pourrai de la sorte avoir souvent à traiter des sujets, qui toucheront aux passions et aux erreurs de cette époque, qu'il soit entendu, dis-je, que je ne descendrai jamais à faire la guerre aux personnes, surtout en province où il est rare que les influences s'étendent un peu loin. Mais quant aux détestables doctrines politiques et religieuses que vomit Paris chaque jour sur l'univers entier, je compte, toutes les fois que j'en aurai l'occasion, les attaquer corps à corps, sinon avec tout le talent que je voudrais avoir, du moins avec l'énergie que donne toujours une foi sincère et je pourrais ajouter avec tout le courage du désespoir. C'est donc aux meneurs de Paris, grands corrupteurs des provinces, que je m'adresserai le plus souvent.

Cela dit, je commence :

Il faudrait pourtant traiter sérieusement la question du serment, question sur laquelle repose tout l'édifice social, sans qu'on paraisse s'en douter. Il y a trois classes de gens qui prétendent qu'on peut prêter des serments tant qu'on veut, par intérêt et sans conviction aucune. Ce sont les cupides, les faiseurs en peine de leur temps et enfin les peureux. Je ne confondrai pas avec les premiers, les pauvres employés de tout grade, sans importance politique, à qui on demande périodiquement tous les dix à douze ans, un serment inutile, auxquels ils sont bien obligés de se résigner pour faire vivre leur famille. Ceux-là ne sont que trop excusables, quand ils vont contre leur conscience et ils se contentent de gémir en silence, d'autant que, d'ailleurs, à l'héroïsme nul n'est tenu, dans ce triste siècle où partout on le bafouerait. — Mais quant aux hommes indépendants de position, à qui la soif des honneurs ou de l'argent, la répugnance pour une retraite même momentanée, la rage de faire de l'importance ou la crainte d'être inquiété dans leur repos, enlèvent tout sentiment chevaleresque ; ceux-là devraient avoir au moins la pudeur de se taire et ne pas engager de discussions contre ceux qui ne jugent pas à propos de les suivre dans leurs voies tortueuses, pour ne rien dire de pis. Mais loin de là, la plupart, tout en se disant royalistes, blâment amèrement leur roi d'avoir osé les rappeler aux plus vulgaires notions de toute noblesse : la fidélité à la foi jurée. Ergotez et discutez tant qu'il vous plaira, Messieurs, vous ne vous persuaderez même pas vous-mêmes, comme le prouve du reste votre dépit, quand on vous fait apercevoir votre fausse position.

Quelle étrange époque que la nôtre ! Nous avons vu de prétendus libéraux, grands esprits forts et se piquant d'être seuls patriotes, détrôner il y a déjà un quart de siècle, les meilleurs princes du monde, sous prétexte qu'ils n'aimaient pas assez la liberté, ni leur pays et parce qu'ils allaient trop souvent, disait-on, à la messe et à la chasse. Nous voyons aujourd'hui comme ces caméléons étaient désintéressés et sincères. Ils ont donc fait en juillet 1830 un souverain de contrebande, puis il y a eu force sophistes qui ont dit qu'on pouvait lui prêter serment, tout en restant fidèle au vrai roi. Pendant dix-huit ans, ces sophistes ont si bien démoralisé la nation, avec tous leurs raisonnements sur la monarchie, que lorsqu'en février 1848, le trône de Juillet croula dans la boue, on ne vit plus de royalistes ; je me trompe, on les vit presque tous acclamer la République à grands fracas, puis les mêmes coryphées, qui étaient si forts sur la théorie du serment, prétendirent qu'on pouvait essayer de la République, tout en se disant qui légitimiste, qui orléaniste, qui bonapartiste, etc. Vous savez ce qui en est advenu de cette République si bien défendue ! Voici Napoléon, empereur. Croit-on que ces habiles gens soient changés ? Point. Les mêmes hommes qui entravaient l'ancien président de la République et qui l'auraient impitoyablement traîné aux gémonies, sans son succès, se sont empressés de lui jurer foi et hommage, tout en se disposant à le trahir à la première occasion, et loin de rougir de leurs palinodies, ils s'en vantent comme d'une suprême habileté et se font partout courtiers en félonie.

Arrière avec toutes vos ruses misérables, pauvres politiques, à courtes vues, que les événements trompent toujours sans pouvoir vous corriger, à quoi aboutiront toutes vos menées ? Dieu seul le sait, mais si un jour les destinées de la France viennent à tomber entre vos mains et qu'on applique contre vous vos théories, dites-moi comment vous pourrez distinguer vos amis de vos adversaires et soutenir longtemps votre propre gouvernement ?

La légèreté, avec laquelle on traite le serment politique, rend donc tout gouvernement impossible, puisque aucun ne peut désormais compter sur la fidélité de ses agents. J'ajoute que le parjure politique conduit naturellement au parjure dans la vie civile. D'où suit la conséquence que l'ordre social actuel, à moins d'un retour sincère à la Religion, qui l'a fondé à son origine, est nécessairement condamné à périr (1).

Quel est en effet le fondement de toute société civile ? La justice évidemment. Or, sur quoi repose la justice, sinon sur la fidélité au serment. Eh bien ! nous voyons chaque jour, dans tous les tribunaux, des hommes pervertis par les doctrines nouvelles, se parjurer effrontément. . . . .

. . . .

. . . .

IV

Ces deux questions du drapeau et du serment sont connexes, ou plutôt n'en font qu'une ; je crois l'avoir suffisamment prouvé. Si elle est résolue dans le sens des catholiques libéraux, on peut tout de suite s'écrier : *Finis Franciæ*.

Ces bonnes têtes de l'époque qui ne sont, à vrai dire, que « des félons, des pervers et des prévaricateurs, trafiquant avec les révolutions, » ces bonnes têtes, qui se proclament telles du moins, ont décidé que par son noble langage, Henri V avait perdu sa cause. S'il en est ainsi, « il a mis, dit *l'Univers*, à l'abri son honneur de Français, de roi et de chrétien, il a réservé du vieux drapeau de la France, ce qu'il faut pour s'en faire un linceul. »

C'est ce que feront aussi tous ceux qui lui seront fidèles jusqu'à la mort, car le drapeau de la Monarchie appartient au plus obscur de ses partisans, aussi bien qu'au premier gentilhomme du monde : au Roi.

(1) Une autre cause, dont j'ai parlé ailleurs, de dissolution de notre société, non moins active que l'abus du serment, c'est le mépris de la loi contenue dans les versets 15, 16 et 17, chap. 18 de l'Evangile de saint Mathieu, versets qui résument, à eux seuls, presque tout le christianisme.

Les colères contre ceux qu'on appelle les Rouges, n'exciteront jamais, chez les hommes de cœur, que le plus profond dédain. Car les Rouges ne sont que la conséquence des assassinats, des vols, des lâchetés des Tricolores et de la faiblesse des Blancs. Le temps des justes milieux est passé désormais. Il faut choisir entre le drapeau rouge et «l'étendard d'Henri IV, de François Ier et de Jeanne d'Arc, que le Roi ne laissera pas arracher de ses mains. » (*Manifeste* daté de Chambord du 5 juillet 1871.)

Le drapeau tricolore n'est pas le drapeau de la France, car il ne lui rappelle que des crimes et le démembrement de son territoire, après les plus honteux revers. Si la France aveuglée ne veut pas reprendre le drapeau blanc, qui l'a faite autrefois si grande et si prospère, et qui lui rendrait en peu d'années toute sa splendeur, elle subira tôt ou tard le drapeau rouge comme châtiment.

LA DÉLIVRANCE DU TERRITOIRE

V

Je n'ai point de zèle pour une souscription dont le but est de donner de l'argent à la Prusse. Si l'on en veut savoir la raison, qu'on lise les deux articles que je fis insérer, au commencement de la guerre, dans le *Publicateur de la Vendée*. Ces articles n'ont rien perdu de leur opportunité.

PLUS DE PARTIS

A bas les parleurs devant l'ennemi !

Un député de la majorité, devenu ministre, l'a dit à M. Thiers, il y a trois semaines : « Votre discours vaut aux Prussiens un grand nombre de bataillons. »

Au nom de la France en péril, qu'on n'écoute désormais ni plaintes ni récriminations dans les Chambres. Des actes et pas de discours ! Nous n'avons pas de frontières au nord-est ; les Prussiens entre le Rhin et nous, ce sont des brigands armés, cachés dans la maison et prêts à égorger la famille qui s'endort. Voilà l'enseignement qui ressort des derniers événements de la guerre.

Marchons donc, comme un seul homme, à la rencontre des Prussiens, écrasons les dans leur triomphe, ou repoussons les au-delà du Rhin. Quand nous perdrions vingt batailles, ne nous décourageons pas. Imitons la constance du sénat et du peuple romain allant au devant du consul Varron, à son retour de Cannes. C'est parce qu'elle ne fit jamais la paix qu'après la victoire que Rome donna ses lois à l'univers. Si, vaincus, dans les circonstances présentes, nous traitions avec la Prusse, ce serait la fin de la France, ou bien ce serait la France descendue au troisième rang.

Qui n'aimerait mieux la mort qu'un tel abaissement de sa patrie ?

Donc plus de partis devant l'étranger. Si nous voulons reprendre nos misérables querelles, attendons au moins que nous soyons victorieux. D'ici là, Blancs, Bleus, Rouges ou Jacobins, fils des croisés ou de la Révolution, soyons fiers et intrépides comme saint Louis, devant les mécréants. Les rois ont fait la carte de France ; ne la laissons pas défaire, impérialistes, parlementaires ou républicains, par d'intempestives divisions. Serrons-nous tous autour du drapeau de la France, quelle que soit la main qui le porte. La Prusse, c'est le scepticisme hypocrite, c'est le vol éhonté des États et des provinces, c'est le joug brutal du sabre sur l'Europe. La France, c'est la religion, c'est la liberté, c'est l'indépendance ; c'est pour le monde le désarmement général, la paix et le triomphe de tous les droits.

Aux armes ! à l'ennemi, sans plus de phrases, noble et invincible pays de Charlemagne et des Francs,

Gestá Dei per Francos !

La Rochette-l'Étang, près Napoléon-Vendée, 11 août 1870.

MONSIEUR,

Je vous prie d'avoir la bonté de m'inscrire sur la liste de sous-cription que vous avez ouverte dans le *Publicateur*, pour venir en aide aux blessés de nos armées. En temps ordinaire et quand il s'agit d'intérêts privés, je préfère garder l'anonyme sans blâmer ceux qui pensent autrement; le bien fait aux hommes étant toujours le bien, quel qu'en soit le moyen ou le motif.

Mais aujourd'hui que le sort de la France est en jeu, je considère comme un devoir de faire acte public de patriotisme en contribuant, pour ma faible part, au soulagement des souffrances des braves et généreuses armées qui défendent notre sol, souillé par la présence de l'ennemi. Il faut qu'il sache que derrière nos héroïques soldats s'agite la nation tout entière, prête à voler à leurs secours, si la fortune trahissait leur courage. Nous vaincrons, car la Prusse n'a point toutes les ressources de la France, ressources qui sont à peine entamées.

Oui, nous vaincrons! et nous ne ferons la paix que lorsque la ville, qui renferme le tombeau de Charlemagne, sera redevenue une ville française et que nous aurons reconquis nos limites du Rhin. Malheur aux chefs d'États qui s'y opposeraient! car nous leur dirions tous : « Plus de rois! ou s'il nous en faut absolument un pour représenter l'unité nationale, proclamons le plus brave d'entre les braves qui auront sauvé la patrie, à condition qu'il sera le gardien incorruptible de nos libertés et de celles de nos alliés (1). »

Alors seulement l'Europe désarmera et la paix sera à jamais assurée.

Vive la France! A bas les neutres perfides, qui s'attristent de ses victoires et se réjouissent de ses revers !

La Rochette-l'Étang, près Napoléon-Vendée, 22 août 1870.

(1) Ce passage ne s'adressait qu'à l'Empire, qui devait bientôt trahir la France à Sedan, et nullement au Roi qui aurait perdu mille fois sa vie et la couronne plutôt que de « céder une pierre de ses forteresses et un pouce de son territoire. »

Fidèle à ces sentiments, je dis aujourd'hui à l'Assemblée qui gou-
verne la France : En votant la paix, vous avez voté la honte et la
ruine de votre patrie. Votez encore des impôts pour payer sa déli-
vrance, on vous obéira. Mais quant à des dons volontaires, ces
dons ne vous seront accordés avec joie, que le jour où vous deman-
derez du fer et non de l'or pour chasser les Prussiens.

CONCLUSION

Si la France aujourd'hui a cessé d'être monarchique et n'est pas encore républicaine, si la France agonise dans la situation la plus fausse, la plus humiliante et la plus périlleuse où un grand peuple se trouva jamais, c'est à la royauté bâtarde de Louis-Philippe et au despotisme de bas étage du second Empire, qui ont avili tant de caractères, qu'elle doit imputer tous ses maux.

Les Orléanistes et les Bonapartistes sont les deux fléaux de notre temps ; ce sont eux qui empêchent tout gouvernement sérieux de s'établir. Pleins d'orgueil, de cupidités et de vices, ils ne veulent ni de la royauté légitime, où ils ne seraient pas les premiers et où il faudrait de la probité qui leur manque ; ni de la République, où la vertu et le désintéressement sont plus nécessaires encore. Car il ne faut pas confondre, comme on le fait souvent, la République avec la Révolution. Les partisans des Bonaparte et ceux de la maison d'Orléans, sont essentiellement révolutionnaires, surtout quand ils ne sont pas au pouvoir ; étant à la fois ennemis d'une sage République, du Pape et du Roi. Ce qu'il faut à ces deux partis, également corrompus, c'est un gouvernement à leur taille et pour eux seulement. Pourvu qu'ils exploitent la France, qu'ils se gorgent d'honneurs et d'argent, tout maître leur est bon.

Il n'y a que deux principes de gouvernement, la Monarchie et la République.

Un peuple qui a vécu, un grand nombre de siècles, sous la première, n'a le droit de passer à la seconde, que lorsque le trône est vacant. Or l'héritier du trône de France a déclaré qu'il n'abdiquerait jamais. Donc les légitimistes sont liés à lui, tant qu'il vivra. C'est seulement à la mort d'Henri V, qui sera le dernier roi de la Monarchie, s'il ne laisse pas d'enfants, la félonie des d'Orléans les excluant du trône, que la France recouvrera le droit de se constituer en République. Elle aurait sans doute alors raison de le faire, car point de monarchie durable sans prestige, et ce prestige les d'Orléans et les Bonaparte l'ont détruit pour toujours.

PRINCE DE ROSSY.

La Rochette-l'Étang, près La Roche-sur-Yon (Vendée). Mars 1872.

APPENDICE

Mon père composa une ode à l'occasion du passage de la duchesse d'Angoulême dans la Vendée, au mois de septembre 1823. J'extrais de son manuscrit les strophes 4, 7, 8 et 9, qui semblent écrites pour notre état présent.

    — Disparaissez, horde barbare
D'anarchistes vains et cruels ;
L'ambition qui vous égare
Vous a rendus trop criminels.
De tous vos rêves sanguinaires,
De vos complots incendiaires
Voyez quel est partout l'effroi.
Abjurez une secte impie,
Tombez tous aux pieds de Marie
N'ayons plus qu'un culte et qu'un roi.

    — Cathelineau, Bonchamp, Lescure,
Charette, Rochejaqueleins,
Vous tous qui d'une foi si pure
Fûtes les dignes Paladins,
Formidables vengeurs des crimes,
Et vous aussi tristes victimes,
Dans vos tombeaux apaisez-vous ;
Sur cette terre encore en cendre

Notre héroïne va descendre
Et combler vos vœux les plus doux.

—. Bordelais zélés et sincères,
Nobles émules, nos rivaux,
Vendéens du Midi, vos frères
Forment un pacte avec Bordeaux.
L'héroïne qui nous enflamme,
Saurait sous sa blanche oriflamme,
Nous guider en mille combats ;
Qu'à jamais une sainte ligue
Oppose une immuable digue,
Contre tous nouveaux attentats,

— Nous avons vu la basse envie
S'efforcer de nous désunir ;
Nous avons vu la calomnie
Oser tenter de nous flétrir ;
La France sait la fourbe insigne ;
Mais qu'a produit la trame indigne
De quelques ennemis pervers ?
Contre la faveur usurpée,
La fidélité s'est trempée
Par trente ans d'illustres revers.

J'avais quatorze ans à peine, lorsque je lus cette dernière strophe et jamais je n'oublierai l'impression profonde qu'elle fit sur moi. Comme de hauts fonctionnaires publics engagèrent alors mon père, avec une grande insistance, à supprimer de l'ode la strophe tout entière et même, je crois aussi, la précédente, j'en conclus que la *trame* de ces *ennemis pervers* était ourdie jusque dans les régions élevées du Pouvoir et qu'elle perdrait la Restauration tôt ou tard. Je compris encore d'instinct, malgré mon jeune âge, que le règne « des ingrats, des hypocrites et des traîtres, » qui devaient triompher légalement en 1830 était déjà commencé. Qu'ont fait de la France et de l'Europe ces félons de tous les partis, qui se sont vantés eux-mêmes d'avoir joué quinze ans la comédie, pour tromper les Princes qu'ils voulaient détrôner?

Aujourd'hui tous les droits sont plus que jamais violés, toutes les positions sont faussées, tous les esprits abaissés. Appartient-il, en effet, à des hommes qui ont servi et trahi tour à tour les causes les plus opposées, sanctionné par leurs votes ou leurs actes les iniquités les plus révoltantes, et excité toutes les convoitises de la Révolution, à qui ils doivent eux-mêmes leurs honneurs ; leur appartient-il de venir maintenant se poser fièrement devant elle et de lui dire, comme Dieu à la mer en courroux : Tu n'iras pas plus loin ! Ces hommes, malgré les belles paroles dont ils sont si prodigues, sont responsables de tout le sang versé par suite de leur politique à double face, comme ils le sont encore de tous les malheurs de la France et de l'Italie ainsi que de ceux de la Papauté.

L'Eglise des premiers siècles ne voulait pour évêques que les maris d'une seule femme, quand donc les Etats ne seront-ils gouvernés que par des hommes qui n'auront prêté qu'un serment, ou mieux encore, qui n'auront jamais été obligés d'en prêter aucun ?